오늘 너의 이마에 내 지문을 입혔어

오늘 너의 이마에 내 지문을 입혔어

허자경 시집

시인의 말

집 한 채 지었다
너무 허술해서
무너질 것 같다
그래서
읽어줄 사람이
필요하다

2022. 가을
허자경

차 례

● 시인의 말

제1부 천개의 내가 사라지고 있다

150mL 오렌지주스 ──── 13
거봉 포도 ──── 14
반달 손톱 ──── 16
감수광 부인 ──── 17
천 개의 거울 ──── 18
전기밥솥의 내력 ──── 19
장칼국수 ──── 20
왕관의 장미 ──── 22
회상의 소묘 ──── 23
봄눈 ──── 24
누명의 가위 ──── 25
비브라토의 단풍 ──── 26
집시의 오류 ──── 27
종갓집 함지박 ──── 28
천 원짜리 ──── 30

제2부 허공이 떼 지어 산다

기억의 숲 ——— 35
시간의 음속 ——— 36
블랙커피 ——— 38
황금 반지 ——— 39
전원 연가 ——— 40
집어등 ——— 41
유처유가有處有歌 ——— 42
연리지 Song ——— 43
건화乾花 ——— 44
강물, 흰 머리카락 ——— 45
2262번의 빈방 ——— 46
봄날은 온다 ——— 48
12월의 눈 ——— 50
바람의 초상 ——— 51
단단한 능금 ——— 52

제3부 꽃의 지문이 흔적 없이

아내 예찬 ─── 54
빈방의 여자 ─── 56
검객춘란 ─── 57
비빔밥 소묘 ─── 58
질경이꽃 ─── 60
영산홍 고백 ─── 62
흰 빨래 ─── 63
양떼구름 ─── 64
강문솟대 ─── 66
도시의 나팔꽃 ─── 68
늦털매미 ─── 70
수평선 ─── 71
나무 의자 ─── 72
곧, 꽃이 사라지다 ─── 74
박꽃의 내력 ─── 76

제4부 내 정신의 벽을 허물고

사랑의 변증법 ──── 78
청포도의 안단테 ──── 79
교정의 골대 ──── 80
아들의 아들에게 ──── 81
은색 공중전화 ──── 82
여름밤이 피어나다 ──── 83
DMZ ──── 84
겨울 종자 ──── 85
12월의 밤 ──── 86
붉은 유세장 ──── 87
무뿔無角 ──── 88
노을, 빈 교정 ──── 90
고독의 뼈 ──── 92
꽃의 고뇌 ──── 94
골목길 외등 ──── 95

허자경의 시세계 | 심은섭 ──── 98

제1부
천개의 내가 사라지고 있다

150mL 오렌지주스

식탁에 150mL 오렌지주스 한 팩이
있다

그것은
세 살까지 먹던 일용할 양식,
내가 믿고 따르던 종교다
봄날 같은 밥솥이고
무상의 밥이다
외상으로 훔쳐 먹은 삼시 세끼다
계산할 수 없는 한 여인의 눈물
지금은 갚을 수 없는 빚이다

잠자리에 들려는 순간
식탁에 어떤 한 촌로가 단아하게
앉아 있었다

거봉 포도

조직폭력배인 줄 알았다
검은 피부,
육중한 체구에 말이 없다

12월이 오고
찬바람이 내 이마를 툭 친다
그때 그를 바라보았다

천 개의 천둥과
천 개의 번뇌와
천 개의 태풍과
천 개의 공포와
천 개의 모성과
천 개의 사랑과
천 개의 눈물과
천 개의 고독이 있었으리라

그래서

내 혀가 혼절하도록 그토록
달았나 보다

반달 손톱

내 몸속에 젖비린내가 자라던 시절 그녀의
손톱이 손톱으로만 보였다

그 손톱은 나의 허기의 울음을 잠재우는
쟁기였다
그 손톱은 들판의 밭고랑에 거름이 되어
감자꽃을 피웠다
우물도 팠다
그 손톱은 풍요의 자루가 터져버린 곳을
수선해주었다
때로는 빈 그릇을 긁는 것을 보았다
그 까닭에 이팝나무꽃 같은 고봉밥이
내 입속으로 들어왔다
노모의 손톱에 봉숭아꽃 하나 살지 않았다

하지만
내 손톱엔 십만 원짜리의
인공 벚꽃 손톱이 날마다 만개해 있다

감수광 부인

모든 사람들이 그녀를 오렌지라고 부른다

삼다도에서 민낯으로 바다를 건너왔으리라
뱃멀미로 썩은 새끼줄처럼 늘어진
몸으로 건너왔으리라
그가 도착한 곳은 도심의 과일 쇼케이스,
벌나비를 불러들이려고 붉은 립스틱을
짙게 발랐으리라
수릿날 단오장에서 산 모조품 귀걸이로
치장도 했으리라
황금 모자를 쓴 귀족의 체면을 지키려고
한없이 이슬만 먹었으리라

시월을 뒤쫓아 오던 십이월,
인간의 입속에서 아름답게 순교하고 있다

천 개의 거울

거울 속에 천 개의 내가 있다

천 개의 달이 플라멩코를 추고
천 개의 슬픔이 강을 이루고
천 개의 별이 졸고 있고
천 개의 황색 바람이 걸어오고
천 개의 귀가 어둠을 도청하고
천 개의 꽃이 사막을 지나고
천 개의 고독이 취해 있고
천 개의 어둠이 절망을 팔고
천 개의 입이 연설문을 쓰고
천 개의 가을이 죽어가고
천 개의 갈등이 매매 되고
천 개의 애증이 링거를 맞고
천 개의 이별이 저 별이 되고
천 개의 호수가 눈을 뜨고
천 개의 지폐가 목관을 짜고

천 개의 내가 사라지고 있다

전기밥솥의 내력

취사 버튼을 누르면 부글부글
끓어오릅니다 그러나

뜨거운 생이라도 그녀는 결코
넘치지 않습니다 그러나
신열로 화상을 입지 않습니다

그녀의 정신을 까맣게 태우던
철없는 어린 손수건들,
바깥을 겉도는 곰방대가 있습니다

그토록 우울한 가족사일지라도
채석장의 돌을 캐며,
가난의 강을 벗어나려고 했습니다

밥솥에서 끓고 있는 그의 화병火病,
이젠 내가 퍼먹고 있습니다

장칼국수

그는 구멍가게 K씨의 맏딸이다
내 이마로 비가 연착륙하던 날
그의 입술에 내 입술을 포개었다

그의 우윳빛 살결이 눈부시다
때로는 짜다, 때로는
맵다
그래도 그를 사랑할 수밖에 없다
오늘, 그에게 장문의 편지를 쓴다
한 가닥의 회고 긴 문장은
내 허기를 두들긴다
또 두들긴다
그러므로
나의 빈 정신은 채워지고
온 방 안에 봄이 가득하다
보릿고개가 실타래처럼 풀어지는
슬픔의 가닥들과
뼈를 우려낸 세월이 다 비워질 때

내가 걸어온
빈 들판도 채워지고 있다

둥근 그릇에 남겨진 붉은 국물
너에 대한 나의 사랑의 각혈이다

왕관의 장미

평생 외출 한 번 해본 적 없다
긴 목을 내밀고
담장 바깥을 바라보고 있는
궁궐의 여인

뭉게구름은 이곳저곳으로 마음껏
돌아다니고,
봉선화는 한낮 담장 밑에 앉아
손톱에 매미의 울음을 그린다
달은 어둠의 제 발등을 비추며
마실의 강을 또 걷는다

하지만,
해가 바뀌어도 신분을 지키려는
그녀,
붉은 왕관이 무척 무거워 보인다

회상의 소묘

한 점의 부끄러움을 신전인 양
숭배하며 살아왔다

폐수의 영혼,
붉은 반점이 군락을 이루는 정신
입 안에 가득 찬 빵,
가끔씩
해탈하는 강물 울음소리를 일체
거부하는 밤
계단의 아픔을 모르는 채
육중한 몸으로
그의 꿈을 짓밟는 무게였다

개미가 빵부스러기를 짊어지고 간다
내 뒤안길엔
발톱이 빠진 흔적을 찾을 수 없다

봄눈

꽃의 입술에 소리 없이
흰 입맞춤을 한다

두 눈을 크게 뜨고 보니
그는 고양이수염 위에도
가볍게 내리더라

온몸을 다 비워도
나에겐
아무것도 내리지 않더라

누명의 가위

흥부의 새끼제비가 회사에서
잘린 채 집으로 돌아왔습니다
내 짓이 아닙니다

암벽을 오르던 산 그림자가
밧줄이 잘려 나가
세상과 하직했습니다
이 또한 내 짓이 아닙니다

허리가 잘린 한반도 DMZ에
지뢰 꽃이 만발하여
노루 발목이 잘려 나갑니다
내 짓이 더욱 아닙니다

오직 내가 하는 일은
어머니와 함께 온종일 질긴
가난을 자르는 일뿐 입니다

비브라토의 단풍

뒷골목 어둠의 딸인 줄 알았다
행사가 끝난 행사장의 울타리에서
어떤 이념의 빛깔도 없이
마냥 펄럭이는 현수막인 줄 알았다

동지섣달 칼바람이 불던 한낮
바람 소리에 집을 나갔던
정신이 돌아왔을 때
그는 11월의 강을 건너는 저 들판이
벗어놓은 성자의 옷자락이었다
낮술에 취한 낮달을 데리고
서산을 넘던 석양의 붉은 한숨이었다
아니다
동학의 개미들이 함성을 부르짖다
흘린 붉은 핏자국이다

집시의 오류

팔월의 오후
백봉령 휴게소가 나에게로
저벅저벅 걸어온다

노모의 감자전 향기가
나의 발걸음을 멈추게 한다
휴게소,
노모의 체취가 있는 곳

계단을 밟듯이
깻잎 속으로 오후가 들어와
누렇게 익어간다

삼삼오오, 메밀전, 옹심이
곤드레 막걸리 한 잔에
노모의 기억이 홀로 걸어간다

종갓집 함지박

베란다 한쪽 귀퉁이에 그가 홀로 앉아 있다

영하 30℃에서도 그녀는 아무 말이 없다
한가윗날엔 달빛을 안아준다
긴 시간의 터널을 빠져나와도
뼈와 뼈 사이 신음소리가 들리지 않는다
그림자가 명품 핸드백을 들고
민낯의 그녀는 호미를 들고 밭으로 향한다
템스강의 축음기가 팝송을 부를 때, 그녀는
한밤의 접동새 목소리로 '찔레꽃'을 부른다
그녀의 생이 바람의 발톱에 긁긴 상처에 따라
세느강처럼 흘러내린다
한낮에 태양을 밭이랑에 묻어놓고
저녁달을 등에 업고 돌아온다
그녀는 호미걸이에 걸린 호미 등처럼
둥글게 몸을 말고 잠을 잔다
그믐달의 치맛자락이 얼굴을 스칠 때 깨어난다
이태리 가구가 햄버거를 먹을 때

그녀는 배춧잎을 맹물에 찍어 먹었다
아파트 비밀번호를 기억하지는 못하지만
열아홉 번의 제삿날은 기억한다

시간을 안고 걷다가 바다에서 소멸하는 강물
이다

천 원짜리

너가 없는 세상은 빈 그릇이다

너의 몸은 달동네이다

한 여자의 빈 왼손이다

그림자가 담긴 목관이다

방랑객이다

너는 국경이 없는 경계선이다

너는 영혼을 찾는 풍경諷經이다

너는 새해 첫날, 나의 아침이다

뭉게구름의 한 덩어리다

예순이 되어도 아직

내 손에 도착하지 않는 허무다

제2부
허공이 떼 지어 산다

기억의 숲

철없이 웃으며 나는
유년의 기억과 함께 이 숲길을 걷고 있어

길 한켠에 꽃과 가죽나무를 심었어 그 꽃이 꽃으로 피어날 때 그 길은 노모가 손톱으로 긁어 준 길이라는 것을 알았어 자갈밭을 맨발로 걸어갈 수 있었던 것은 갈라진 아버지의 곡괭이 같은 손톱이 있었다는 후문이야 지금, 나는 예순의 나이테 속에서 황금알을 낳으며 살고 있어 그곳에서 촌로의 부서진 손톱을 숭배하며 나의 해진 그리움을 꿰매고 있어

무상으로 상속받은 그 숲길,
그 길을 걸으며 나는
촌로의 갈라진 손톱을 붉게 기억하고 있어

시간의 음속

총알 같은 속도로 내 생애의 시간이
뛰어간다

그것은 시정잡배에게 금목걸이를
빼앗긴 마음이다
막차를 놓치고 콜택시 탄 아쉬움이고
첫사랑의 질긴 미련이다
긴 전화 통화로 식은 커피다
한눈팔다 놓친 푸른 신호등이고
순간, 땅에 떨어진 아이스크림,
수도꼭지 틀어놓고 시장 갔다 온
기분이다
황급히 달려갔으나 마~악 파장한
번개시장이다
아파트 분양권 추첨에서 몰락한
투기꾼의 헛웃음이고
한 자릿수가 빗나간 1등 로또
당첨 번호다

무쇠 가마솥에서 화들짝 놀란 한 끼의

뻥튀기 과자다

블랙커피

비 오는 날 창가에 앉아 너를 만난다

검은 얼굴로 찻잔 속에서 나를
빤히 올려다본다
봄날처럼 따듯한 찻잔이 너를
떠받들고 있다
그때 나는
언제나 인형처럼 혼자였다
아침마다 식탁으로 찾아오는 너는
나의 검은 고독, 그러나
뜨거운 꽃으로 찾아오거나
차가운 달빛으로 찾아와도
난, 언제나 너에게 사로잡힌 포로

창밖에 서너 명의 봄도 데려왔더라

황금 반지

내 손가락을 점령하려면 너는 너의
가슴에 구멍을 뚫어야 해

너는 가슴을 비워야 너가 될 수
 있어
근엄한 얼굴도 보존해야 하고
원도에 신부처럼 앉아 있어야 해
견우와 직녀를 맺어주려고
지하에서 천년을 말없이 견뎌왔어.
1,000℃에서도 버텨야 해
둥근 네가 된다는 것은 아문 상처가
 있다는 거야 신전의 신들이
토치로 너의 영혼을 녹여야만
폐쇄된 정신의 문을 열 수 있어
그런 고통이 있어 황금이라 불렀어

지상의 모든 폐석들이
너를 닮으려고 밤낮으로 아우성이야

전원 연가

수박은
낮은 평지에서
산대요

하늘이 낮아
먹구름이
머리에 닿는대요

이장님의
꿈도 낮아
감자만 먹는대요

모두가
낮고 낮아서
바다로 간대요

집어등

그가 두 눈을 부릅뜨자 어둠이 화들짝
놀라 달아난다

그는 어둠을 깨는 석공이다
ㄴ, 느, 누, 눈을 뜬다
어둠 속에서 심지를 돋군다
ㄴ, 노, 노, 노모를 생각한다

그는 어둠 속에서 살구꽃을 피워낸다
ㅅ, 새, 새, 새벽을 찾는다
어둠 속에서 물고기와 교신한다
ㅅ, 서, 섬, 섬과 하나가 된다

그가 두 눈을 감아버리자
바다는 죽어가고 어둠이 푸른 허물을
벗는다

유처유가有處有歌

산에는 정상, 강에는 천년의 이끼,
사찰엔 연꽃이 있어야 해

성당엔 기도문 외는 소리, 학교엔
꽃 핀 교정이

고층빌딩엔 내려가는 엘리베이터,
할머니에겐 6 · 25 포성이,

하루엔 저녁이,
나에겐 빈 술잔 같은 내가 필요해

연리지 Song

눈앞에 있어도
계속 바라만 보는 너야

문살과 문살이 만나는
교착점의 너야

텅 비어 있어도
가득 차 있는 너야

보이지 않으면
현기증이 나는 너야

바다와 하늘이 만나는
접선의 너야

건화乾花

잔뼈를 말리고 있다 그건 소멸의 부활이다
그는,

A4용지로 다시 태어나는 폐지를 보고
숫돌에 정신을 갈았다
민들레 홀씨처럼 천상의 계단을 오르려고
때론 영혼을 말리기도 했다
전생의 업의 질량을 가늠하기 위해
벽에 매달린 채 흰 피를 허공으로 수혈한다
하지만 정신의 핏줄엔 초록을 덧칠한다
나비가 바윗돌을 껴안을 수 있는 것도
사슴이 내장을 말려 박제가 된 것도
그처럼 스스로 황금빛 욕망을 버렸을 게다
그의 혈관이 말라갈수록 세상은 저음의
아우성으로 들리고
립스틱을 바르지 않아도 화색이 돌았다

그가 해탈하고 있다
하얀 벽에 대못처럼 박힌 채 해가 저문다

강물, 흰 머리카락

내 꿈이 두 눈 부릅뜰 때
강물의 얼굴은 천수답 무늬다

나의 욕망이 부풀어 오를 때
강물은 여자가 아니었다

지금은 멈추었다
내 손금으로 흐르던 강물이

보이지 않는다 이젠, 그녀의
이름조차 내 기억에서 사라진다

나도 흰 머리카락이다 저녁이다

2262번의 빈방

너의 몸에 손을 갖다 댈 때마다 너는 마음의
문을 열지 않았어

그 방엔 허공이 떼 지어 산다는 것도 알아
달빛이 너를 불러도 아무런 대답이 없어
장문의 편지를 보내도 눈도 까딱하지 않아
팔월의 태양이 너를 녹여도
요동치지 않았어
너와 해변 길을 걷던 그 기억을 넣어볼까
아니면 첫 키스의 새콤한 맛을 보내볼까
그래도 너의 방은 늘 잠겨 있을 거야
마당의 귀뚜라미가
가슴이 젖도록 울면 그 문이 열릴까
오늘 너의 이마에 내 지문을 입혔어
예정대로 너는 열리지 않고
사막의 모래알이 빗방울을 기다리듯
문밖에서 나는 목마르게 기다리고 있어
집으로 회항을 요구하는 어둠이 서성거리지만

너를 열어야만 한다는 생각에
밤 12시에 애증의 강을 건너고 있어

빈방으로 가는 저 길,
골고다의 계곡으로 오르는 것보다 더 목말라

봄날은 온다

임대차계약은 어림도 없다
휘어진 생으로는,

은전 한 닢도 없는
노파,
피자 한 판의 둥근 의자가
그녀의 영토다
생의 아우성이다

시간이 시간을 통과할 때
배꼽 아래에선
허기의 종소리가 요란하다
꽃이 피면 같이 웃고
꽃이 지면 같이
울 때*

무상 임대계약이 찾아오려나

* 백설희, 「봄날은 간다」 변주.

12월의 눈

너는
희고 나는 검다

너는 녹고
나는 녹을 수 없다

너는 지붕 위에 있고
나는 마당에 있다

너는 첫눈이고
나는 봄눈이다

너는 땅에 눕고
나는 허공에 눕는다

바람의 초상

얼굴도 없이 무섭게
달려오는
그대는 누구신가요

저녁과 구름을
혹, 사랑까지 끌고 가는
저 욕망
끝은 어딜까요

허공을 흔들고, 나를
흔들고
어디로 가시나요 당신은,

단단한 능금

삽답령 너머 정선 고을에
붉은 새악시들이 모여 산다

그는 수도꼭지의 입술이
동파되는 영하 20도, 그날도
씨방 속에서 7남매를 품으며
흰 성벽을 쌓고 있다
두꺼운 어둠 속에서 지켜온
모성애의 등불로
일곱 봉우리의 꽃을 피우려고
산통을 겪고 있다
이마에 금이 간 세월,
불면의 밤을 쌓는다
태양이 갓 구워낸 봄을 지나
압정 같은 햇살을 견디고,

씨앗들이 도회지로 나가
높은 빌딩으로 서 있다 4월,
그는 다시 꽃으로 돌아갔다

제3부
꽃의 지문이 흔적 없이

아내 예찬

외제 차를 들이받아 놓고 식탁에 앉아
믹스커피를 달게 마시는 그 여자
곰팡이 핀 찬밥을 맹물에 말아먹어도
두드러기가 나지 않는 그 여자
물웅덩이에 왼발이 빠져도
오른발마저 헹구고 돌아오는 그 여자
창가로 내리는 달빛에 취해
'소양강 처녀'를 부르는 그 여자
화장실 문을 닫고 노크하는 그 여자
휴대폰 대신 리모컨을 가방에 넣고
동창회에 버젓이 가는 그 여자
노점에서 간고등어 한 손을 사 들고
거스름돈을 잊은 그 여자
외출하고 돌아와 문고리 잡고
한 바퀴를 도는 그 여자
새벽에 술 취해 들어오는 남편에게
"넌 누구냐"라고 말하는 그 여자
방바닥에서 일어날 때

관절 소리에 청춘이 무너지는 그 여자
라면을 끓이다가 수프 대신
감기약 봉지를 털어 넣는 그 여자
소주병을 이빨로 따는 여자, 그 여자

빈방의 여자

잔뼈가 다 자란 나무들을 도시로
보낸다

그날부터
슬픔의 낱알로 밥을 짓는다
달빛이 창가에서 나를 유혹해도
실어증에 시달리고 있다
그 나무들의 눈썹엔
세느강이 흐느끼며 흐르지만
나의 눈엔 이구아수 폭포가 흐른다
머릿속이 허공이다
설원의 흰 빛이다
이 저녁은 다시 돌아오겠지만
저 나무는 언제 또 방으로 돌아와
나의 손금 속에 스미려나

뻐꾸기 울음소리 가득 싣고
도시로 떠나는 막차가 외딴섬이다

검객춘란

초록 도포를 곱게 입은 그가
탁자 위에 앉아 있다

며칠 동안 단식 농성이다
금식이 그의 습관이라서
물만 마신다
날 선 곡선이 허공을 벤다
온종일 허공이 허물어지고
생각이 푸르다
이슬을 간식으로 먹는
칼날 같은 바다의 수평선,
그러면서
침묵하는 산을 깨울까 봐
숨을 죽이고 산다

청록의 망토를 두른 선비
혹은, 그는
불순을 베어내는 검객이다

비빔밥 소묘

반상회에 참석하려고 모두가 양푼이 속으로
삼삼오오 모여들었다

고추장은 싱거운 오이에게 짠 정신 1g을
빌려준다
푸른 옷을 입은 회원들이 너무 많아 당근은
붉은 치마를 입고 왔다
상추가 물기를 털며 다가오자 콩나물은 그의
몸을 감싸주기도 한다
양푼이 속으로 찬바람이 침입할 때 시금치는
푸른 치마로 바람을 막아 준다
참기름은 회의가 너무 지루할 때
자신의 몸을 뿌려 분위기를 매끄럽게 살린다
참깨는 오이와 상추가 의견 충돌을 일으키면
온몸을 뿌려 고소한 회의를 만든다
호박과 버섯이 분열하고자 할 때 보리 밥알은
그들을 더욱 끌어안는다

그들의 신분은 높거나 낮거나 하지 않는다
허리 굽혀 산다

질경이꽃

저녁노을처럼 눈동자가 충혈된 시간
몇 날 몇 밤 천둥소리 곱씹으며
꿈을 키웠다

검정 고무신 같은 목숨,
시멘트 바닥을 뚫고 일어나 웃는다
젖비린내 나는 사슴의 큰 눈망울들
내 몸속의 푸른 불을 지폈다
눈 오는 날에도
생의 늪 속으로 발을 뻗어내려
물기를 빨아올린다
그때,
굴뚝에서 밥 짓는 저녁이 피어오르고
새벽이 맨발로 뛰어온다
내 영혼이 만기 출소하던 날엔,
황금 나비들이 문밖에서 서성거렸다

다비식이 가까워진

그는 팔뚝에 '인내'의 문신을 새기고
마른 영혼에 봇물을 대고 있다

영산홍 고백

눈발을 헤집고 희소식 한 송이 피워낸다
낮달도 덩달아 웃는다

봄비 찾아오던 날,
상춘객들의 시선에 그의 볼이 발개지며
고개를 돌린다
표정은 양귀비 같고
그의 마음속은 테레사 수녀다
목덜미는 눈 덮인 산다화의 나뭇가지다
초승달의 눈썹,
산기슭에 피는 산딸기의 순결
그의 머릿결은 유프라테스강물처럼
부드럽다

언제 희소식 하나 피우려나,
몸속에 가뭄의 강바닥만 보이는 나는,

흰 빨래

얼룩진 생을
세탁기 속에 집어넣었다

찌든 그에게
20g의 과태료를 넣었다
돈다
회색빛 얼굴
양심도 한 줌 넣었다
펀치 물살,
천 번의 매질로
흰 천사로 태어나고 있다

숱한 손가락질을 받고…

양떼구름

비자도 없이 국경을 넘나드는 집시인 나는
와이파이가 되고 싶다 하지만,

여권을 잃어버린 나는 발이 없는 백일홍이고
빈 항구에 묶여 있는 폐선이다
코뚜레에 매인 우전 거리의 황소 한 마리,
독신자 방의 책꽂이에 꽂혀 있는 헌 시집이다
나는 한양만두집 가마솥에 갇혀 있는
갓김치만두이고
폐교된 운동장 한켠에서 펄럭이는 깃발이다
잔뼈가 덜 자란 은자령의 바람 한 장일 뿐이고
소라횟집 수족관에 갇힌 우렁쉥이다 나는,
풍문에도 흔들리는 화분 속의 소국화이고
주방 싱크대로부터 2m 벗어나고 싶은
늦은 오후다
2초 만이라도 이별하고 싶은 한 남자의 살결
열일곱 살이 된 나의 꽃
24시간 동안 손등에 올려놓고 싶다 나는,

가끔 낮술에 취한 흰 양떼구름이 되고 싶다

강문솟대

강문어귀에 한 사내를 기다리는 목각 새
북쪽 하늘을 한없이 바라본다

홀로 수절한 지 수천 년이 지났다
한여름 밤 소낙비를 맞아도
선 채로 젖은 몸을 말리고 있다
붉은 저녁노을이 유혹을 하여도
한 올의 눈빛의 미동도 없다
지쳐서 어디로 날아갈 것 같아
영혼으로 발목을 묶어놓은 채 기다린다
긴 시간은 시력을 잃게 했고,
온몸이 콘크리트처럼 굳어버렸다
365일 화병火病으로 결절된 손금
백마고지 전투에 참전했던
동구 밖 느티나무도 돌아왔다 하지만
그의 전사 통지 한 장 없다
그는 허공에서 꽃상여가 될지언정
지상으로 내려오지 않으려나 보다

그의 깃털 속에는
멈춰 선 목숨의 초침 소리가 녹슬어간다

도시의 나팔꽃

도시 뒷골목에서 가난에 절여진 노파

새벽,
잔주름을 펴며 빌딩 속으로 들어간다
그믐달을 안고 돌아오는 밤
온몸이 천근만근이다
오늘은 오염된 빌딩의 창문을 열려고
첫 계단을 밟을 때
먼 나라로 떠난 지아비의 얼굴과
염전에서 물질하는 첫째 아이와
식당 주방에서 서러움을 닦는 계집아이,
빌딩 속의 검은 구두의 꽃을 피우는 그는
그들의 이름만 떠올릴 뿐…
태양이 그의 정수리로 수십 번 떠오르고
피로가 장미 가시처럼 피어나는 오후
지하 계단을 따라 그는 걸어간다
다시 돌아올 수 없는 시간,
그 가을 앞에서

나팔꽃의 푸른 그림자를 찾을 수 없다

채송화가 말하기를
"그는 그를 위해 나팔을 한 번도 불어
본 적이 없다"고 한다

늦털매미

이슬만 먹고 사는 빈 지갑의 신사다
아침마다…,
지하 단칸방에서 7년을 숨 쉬던 그는
지상에서 한 찰나를 산다
그 시간 동안 목이 터져라
사랑의 적벽가를 부른다 하지만
어떤 꽃도 찾아오지 않는다

군자다

늘 홀아비바람꽃처럼 그의 익선관엔
온음표만 맺혀 있다
입추가 지나면 목청을 돋워
동편제를 미치도록 부르지만
관객 하나 없다 하지만
가을만 화살처럼 다가오고
슬픈 악보 한 장 입에 물고 사라진다

수평선

앞에 있어도
잡을 수 없는,

텅 비어 있으나
항상 차 있는,

채워도
채워지지 않은 너

가까이 갈수록
멀어지는,

너와 난
언제나 평행선

나무 의자

그녀가 'ㄴ'자로 서 있다는 것은
다섯 손가락의 꽃비녀이기 때문이다

나의 생이 작두날 위를 걸을 때
가끔 그녀를 찾는다
짓뭉개도 얼굴 한번 붉히지 않는다
빈손으로 찾아가도
나의 얼음장 같은 손을 꼭 감싸준다
어둠이 내 이마를 횡단할 때면
어깨를 들썩이며 나를 위로했다
그럴 때마다 그녀는 허물어진
나의 담장을 일으켜 주었다
궁핍의 절벽으로
헛발을 내디딜 것을 염려하여
허공에 천개의 주마등을 걸어주었다
화부산에 봄이 몇 번 왔다 갔다
그녀의 두 다리가
나무젓가락처럼 더 가늘어져

문밖에서 꽃상여가 서성거리고 있다

그녀를 닮아 지천명을 건너는 여자,
먼발치에서 정방폭포처럼 오열한다

곧, 꽃이 사라지다

스카프를 휘날리며 길을 걷던 꽃 한 송이,
연기처럼 허공 속으로 사라지면

사내의 강물 하나가
어깨를 들썩이며 돌아서 흐느끼겠다
한겨울에도 온기가 밝은 키스 한 점
건네줄 사람이 없으리라
그 방엔 담배 연기만 점령했으리라
상현달도 따라서
슬픔에 젖은 속눈썹을 달빛에 말리겠다

그 사내의 휴대폰 속에서
꽃의 지문이 흔적 없이 사라지겠다
흰 머리카락을 날리던
사내의 두 다리는 마른 나무젓가락이고
남대천 철교도 덩달아 통곡하겠다
마당 한켠에서 가계의 슬픔을 지켜보던
느티나무, 석별의 노래를 연주하겠다

모두가 사라진다 사라진다는 것은 또 다른
도시의 꽃으로 피어난다는 것이다

박꽃의 내력

밤에 피는 여인이다

푸른 달빛 맞으며
젖은 눈망울로 하염없이
기다리는 슬픈 얼굴이여

어둠 속에 박힌 보석
빛을 좀처럼 내보이지 않는
흰 삼베옷의 여인

그대의 흰 얼굴에
어둠이 새벽 쪽으로 달아나고
흰 달의 표정은 사월이다

궁핍을 먹고 자란
이순의 강을 걷는 여인
내가 그대이고 싶다

제4부
내 정신의 벽을 허물고

사랑의 변증법

처음엔 벚꽃놀이다 아니다
츄파춥스 맛이고
시간이 지나면
사금파리 눈빛이다 아니다
굿당의 무녀 눈빛이고
이젠 족쇄다
아니다
서로 타협한 전자 팔찌다
곧, 레일의 평행선이 된다
아니다
두 손을 맞잡고
목이 터져라 부르는
아마존 악어와 악어새이다

청포도의 안단테

정면으로 진실의 바람을 맞으며 사는 여인이다

제비꽃이 들려준 그의 성품을 읽고
집시의 태양은 한 됫박 구릿빛을 보내왔다
은자령바람은 노구를 이끌고 와
그의 이마를 닦아준다
서산을 넘던 석양마저 되돌아와
두 발을 하얗게 씻겨준다
새들도 아랫목 같은 그의 가슴속으로 날아들고
빈 하늘을 밟고 지나가던
저녁달도 정중하게 고개를 숙인다
별들은 향유를 발라주며 밤마다 무도회를
베풀어 준다
가을이 가면 나에게도 흰 머리카락이 날리고
푸른 질료를 나에게 수혈해주던 그녀의

흰 그림자, 내 정수리에서 점점 사라지고 있다

교정의 골대

허풍쟁이인 줄 알았다 가슴을
반쯤 풀어헤치고
종일 느끼한 눈빛으로 나를 바라본다

먼 산 암자의 범종 소리 들으며
그를 은밀하게 바라보았을 때
그는 목마른 구절초를 안아주었고
체온이 식어가는
하현달을 그물로 감싸 안았다
교정에 놓고 간
초경의 라일락의 꿈을 찾아주었고
겨울잠에 들지 못한
바람 빠진 공에게
아랫목 같은 따스한 시선을 건넨다

그 광경을 바라보던
배추흰나비 떼,
천둥과 같은 박수를 보내고 있다

아들의 아들에게

가장 질긴
살과 피로 빚어낸 태양
약지에,

무한히 끼워져 있는 반지
침묵하는 바위처럼
백마처럼

저 거친 광야를 달려라
사막의 선인장으로
이구아수 폭포처럼

푸른 역사가 되어라
혹은,
천체의 망원경이 되어라

은색 공중전화

너는 길모퉁이에 묵묵히 서 있다 너는,

많은 사람이 줄을 서서 기다리는
공연장 입구다
너를 만나려고 버튼을 누르기도 하고
허락 없이 덥석 잡기도 하는 손목,
귓불에 대고 말의 애무도 한다
밥을 떠먹이듯 동전도 입에 넣어준다
어느 날, 육두문자를 바람에게,
날려 보내도, 너는 아무 말 없이 웃는다
무선 스팀청소기가 방마다 기어 다니고
휴대폰이 구름과 교신하는 지금,
어느 도심의 골목 한 귀퉁이에서 홀로
졸고 있다

관절마다 황톳빛 시간이 흘러나오고
너는 어디론가 실려 가려고 한다

여름밤이 피어나다

꽃들이 낯익은 기억을 몰고 온다

접시꽃의 붉은 얼굴에서
옛날 가방을 함께 메고 다니던
그녀가 묻어난다

제비꽃이 낮게 피어난다
머리를 빗겨주던 보랏빛 얼굴에서
한 아이의 향기가 피어난다

수국화가 팔월을 이겨 낸다
늘 고무신을 신고 나를 기다리던
늙은 바람,

애타는 마음, 피할 수 없는 여름밤
내가 말라가고

DMZ

꽃사슴과 청설모가 이 산에서 저
산으로 뛰논다
꽃들이 청렴하게 산다
칠순 고개를 넘어도 이곳에서
평화가 피어 본 적이 없다
두더지처럼 숨어 있는 지뢰, 곧
죽음의 꽃이다
새들은 국적 불문의 말을 한다
이곳, 금강초롱은 평화의 꽃이
핀 것을 본 적이 없다
임진강은 신용카드를 사용해 본
기억이 없다
좌우 갈등으로 철책은 녹슬고
녹슨 역사는 삐걱대며 굴러간다
지뢰 터지는 소리에
비둘기 떼가 용수철처럼 하늘로
치솟아 오른다
지금, 이별이 이별을 낳고 있다

겨울 종자

수양 버드나무가 초록 휘파람을 불 때면
봄 속으로 나는 들어가야 해

나의 초승달이 만월이 되리라는 확신
속에서
된서리가 내려도
한파주의보가 찾아와도
어둠의 긴 터널을 빠져나가야 해

그 속에서 잠든 것이 아니라
나의 오후를 살찌우고 있어
내가 푸른 정신의 혼으로 돋아날 때
온 산천이 함성을 지를 거야
그러므로

어둠에서 뜬 눈으로 이 빙하의 밤과
싸워야 해

12월의 밤

왕 고드름이 걸린 창가로
초승달이 찾아올 무렵

품 안의 새들이 떠나버린
텅 빈 가슴에
눈물의 소금기가 번지는
밤,

수평선을 홀로 바라보는
하얀 등대가 된다
내가

붉
은
유세장

총선
후보자들

뼈아픔
배고픔
보고픔
설움을

아~알까

오늘도
유세장은
그냥
뜨거워요

무뿔無角

오랜 시간으로 뿔이 지워진 천사들이 있다

둥근 해바라기를 바라보는 허수아비도
내 입에 자주 오르내리는 황금 귤도
사금파리 같은 초승달보다도
만월이 어둠을 몰아낼 수 있는 것도
뿔이 없기 때문인가 보다
프로펠러로 동심원을 그리는 헬리콥터가
허공을 횡단할 수 있는 것도,
몽돌이 강바닥을 굴러도 상처가 없는 것도
영혼이 둥글기 때문이다

배회하는 달빛의 발목이 부러지지 않도록
운동장 트랙이 둥근가 보다
책상 밑에 어둠을 몰아내려고
백열등도 둥글게 웃으며 살아왔는가 보다
시곗바늘도 한 조각의 새벽을 얻으려고
둥근 원을 그렸으리라

어미 고슴도치가
새끼 고슴도치를 부둥켜안을 수 있는 것도
영혼이 둥근 어미였기 때문인가 보다

뿔을 버리지 못한 여자,
교정에 몸 푸는 목련을 바라보지 못한다

노을, 빈 교정

운동장 육상트랙이 공회전을 하고 있다

적막해서, 또 적막해서 그 운동장에
한 점의 바람도 머물지 않는 느티나무,
두 손을 하늘로 뻗어 누군가를 부른다
속도를 안고 수만 킬로미터를 달려온
폐타이어, 그곳에 홀로 멈춰 있다
오후에 한 쌍의 개미가 손을 마주 잡고
나의 무릎 아래로 지나간다
그럴 때
어제 피었던 나의 웃음이 시들어간다
내 몸속에서 실종된 애증을 찾으며
목 놓아 부르던 초승달도 서산을 넘는다
깃발이 깃대에 묶여 더욱 몸부림친다
화부산 쪽에서 산 그림자가 홀로 달려온다
그 그림자 속에 내가 감금된다
어둠에 발목을 묶고 오래도록 빈 교정에
서 있다

창문을 두드리며 밤새워 울던 바람 소리,
나를 흔들어 놓고 사라진다

고독의 뼈

얼굴이 표독한 고독이 나를 찾아온다
비가 내리던 날,

그는
대죽처럼 키가 크다 아니 무성하다
빗소리가 나의 영혼을 두드릴 때
고독은 맹수처럼 나를 물어버린다
때론, 빈방에 홀로 가두기도 한다
그러므로 나는
빈 들판으로 가출한 바람이 된다
내가 노을 속으로 홀로 걷는 강물이고
빈 대합실에 떨어진 한 방울의 침묵,
접시꽃도 언덕에서 빈손으로 서성이고
배추흰나비 한 마리가 날 뿐,
오늘따라 고독의 뼈가 더 콘크리트 벽이다
천둥소리마저 그치지 않는다
내 몸속 심연에서 서성거리던 그가
내 정신의 벽을 허물고 달아난다

나는 몇 겹의 두루마기 고독이 된다

꽃의 고뇌

바다가 찾아왔으나 내 가슴이 너무 좁아
차마 너를 맞이할 수가 없다

하늘이 찾아왔으나 내 정신이 너무 낮아
차마 너를 맞이할 수가 없다

돌이 찾아왔으나 이성이 너무 차가워
차마 너를 맞이할 수가 없다

별이 찾아왔으나 얼굴이 너무 화려해서
차마 너를 맞이할 수가 없다

강물이 찾아왔으나 생의 울음소리가
너무 커, 너를 맞이할 수가 없다

오는 듯 가는 듯, 배추흰나비 한 마리
발자국 하나 없는 너에게 가슴을 열어준다

골목길 외등

어두운 골목길 모퉁이에 그가
묵묵히 서 있다

어둠에 묻힌 태양을 불러내고
길 잃은 시간을 찾으려고
밤마다 제 몸을 불태운다

무거운 발걸음으로 중천을 걷는
하현달을 인도하며
서산으로 가는 길을 넓힌다

밤새도록 충혈된 그의 두 눈,
매미처럼 이슬만 머금은 나는
차마 그를 바라볼 수가 없다

ㅎ 자경의 시세계

결핍된 서정의 거리를 좁히려는 몸짓

심은섭

허자경의 시세계

결핍된 서정의 거리를 좁히려는 몸짓

심은섭
(시인 · 문학평론가 · 가톨릭관동대 교수)

1. 지성에 봉사하는 시인

 토머스 헨리 헉슬리(Thomas H. Huxley)는 "인생의 가장 큰 목적은 지식이 아니라 행동이다"라고 했다. 이 말을 시인과 연관을 지어 보면 역시 시인도 지식을 위해 싸우는 것이 아니라 행동을 위해 봉사하는 자者라고 할 수 있다. 기본적으로 행동은 내적인 충동이나 동기를 전제로 일정한 방출 기구에 따라 나타난다. 이 말을 전제로 할 때 시인은 정신적 행동가이다.

이러한 시인의 정신적 행동에 독자들은 영향을 받아 반응을 나타내는데 그것이 쾌락성과 교시성이다. 이에 허자경 시인의 시작詩作 또한 문학의 일반적 쾌락성과 교시성으로 행동을 요구하는데 역점을 둔다.

두 번째 시집『오늘 너의 이마에 내 지문을 입혔어』를 출간하는 허자경 시인이 문예지에 발표한 시 작품이나 첫 시집에 실린 시 작품을 살펴보면 서정의 세계관을 가지고 있는 것만은 사실이다. 첫 시집『엉겅퀴의 여자』(2020)에 이어 두 번째 시집『오늘 너의 이마에 내 지문을 입혔어』(2022) 역시, 서정을 바탕으로 하는 세계관을 구축했다. 서정시도 서사적 서정시가 있고, 서정적 서정시가 있으며, 모더니즘적 서정시 등이 있다. 허자경 시인의 두 번째 시집『오늘 너의 이마에 내 지문을 입혔어』에 실린 60여 편의 시 작품은 서정적 서정시로 분류된다.

서정시를 쓰는 일은 자신을 이해하고 현재의 내가 누구인지를 타인에게 심정을 토로함으로써 정체성을 인정받는 작업이며, 동시에 일찍이 비평가들이 정의해 왔듯이 일인칭으로 '자기 독백체'의 형식을 따르는 일이다. 따라서 서정시는 운문으로 썼든 산문으로 썼든, 혹은 내용이 무엇이든, 또는 형상화의 방법이 어떻든 간에 고조된 감정을 극적으로 표현하는 일종의 긴장된 장르인 것만은 사실이다. 그래서 허자경 시인의 시편들은 긴장감이 감도는 서정시로 볼 수 있다.

허자경 시인이 순수 서정시의 세계관을 가지고 있다는 것은 그의 시집 『오늘 너의 이마에 내 지문을 입혔어』 속의 60여 편을 통해 내린 결론이다. 그러나 시인의 시 작품 몇 편으로 섣불리 시인의 시세계를 단정한다는 것은 무리수가 따르기 마련이다. 이런 문제점을 고려하여 다양한 층위의 작품을 예시로 삼아 살펴보는 일이 적확할 것이라는 가설을 내세워 허자경 시인의 시편들을 살펴보고자 한다.

2. 주제의 보편성과 객관화

누구에게나 조선시대의 유교가 삶의 저변에 자리를 잡아 특히 어머니들을 삼종지의三從之義에 묶이게 했다. 어머니들은 사회의 부당한 처우에 대해 단 한 번도 권리 주장을 해본 적이 없다. 늘 종속적인 관계에 묶여 순종하며 살아왔다. 이런 부당한 제도적 규범은 올바른 삶을 영위하지 못하게 하거나 삶의 의미를 상실하게 했다. 단지 여성이라는 편력 때문에 부당한 사회적 대우를 받아왔다는 것만을 생각해 보더라도 어머니에 대해 애틋함이 없는 사람이 또 있을까? 어머니가 없는 '나'와 '너'가 존재하지 않는 것처럼 어머니에 대한 간절함은 우리가 모두 가지고 있는 감정의 공통분모이다. 따라서 허자경 시인이 이런 점을 간과하여 주제의 보편성과 객관화로 대상을 승화시킨 것을 그의 작품을 통해 확인할 수 있다.

식탁에 150mL 오렌지주스 한 팩이

있다

그것은

세 살까지 먹던 일용할 양식,

내가 믿고 따르던 종교다

봄날 같은 밥솥이고

무상의 밥이다

외상으로 훔쳐 먹은 삼시 세끼다

계산할 수 없는 한 여인의 눈물

지금은 갚을 수 없는 빚이다

잠자리에 들려는 순간

식탁에 어떤 한 촌로가 단아하게

앉아 있었다

―「150mL 오렌지주스」 전문

  허자경 시인은 어머니의 초월적 사랑을 '150mL 오렌지주스'에 비유하여 그 의미를 전하고 있다. 겉보기에는 「150mL 오렌지주스」가 그 단어 자체에서 현대성(modernity)을 엿볼 수 있어, 오늘날의 사회를 병폐로 만드는 물질만능주의를 비판하는 작품으로 받아들일 수도 있다. 그러나 그 작품은 공교롭게도 어머니에 대해 노래한 시인의 진술이다. '150mL 오렌지주스'는 일반 매점에서 판매되는 일종의 주스 음료에 불과하다. 그러나 시인은 상상력을 전개하여 "세 살까지 먹던 일용할 양식"으로 치환시켜 어머니로부터 받아먹던 모유로 시상을 확장한다. 이 양식은 외상으로 훔쳐 먹던 "무상의 밥"이고 돈으로 환산할 수 없는 어머니가 흘린 눈물의 결정체이다.

세상을 떠나간 어머니로 인하여 "지금은 갚을 수 없는 빚"을 지고 있다. 그러므로 이제는 "내가 믿고 따르던 종교"로 삼고 있다는 것은 어머니에 대한 기억이 숭고하다는 것이다. '종교'는 곧 '어머니'이고, 이 종교(어머니)는 인류가 있는 한은 소멸하지 않는다는 영원불멸의 의미를 시인이 스스로 믿고 있다. 과거에 어머니들에게 요구하는 사회규범은 부모 섬기는 도리, 남편 섬기는 도리, 시부모 섬기는 도리, 형제 화목하게 만드는 도리, 자식을 가르치는 도리이다. 유교사회가 여성에게 요구하는 교육이 무엇인지를 알 수 있는 대목들이다. 즉 오직 수신 修身적 내용으로 점철되어 있다는 것이다.

  취사 버튼을 누르면 부글부글
  끓어오릅니다 그러나

  뜨거운 생이라도 그녀는 결코
  넘치지 않습니다 그러나

신열로 화상을 입지 않습니다

그녀의 정신을 까맣게 태우던
철없는 어린 손수건들,
바깥을 겉도는 곰방대가 있습니다

그토록 우울한 가족사일지라도
채석장의 돌을 캐며,
가난의 강을 벗어나려고 했습니다

밥솥에서 끓고 있는 그의 화병火病,
이젠 내가 퍼먹고 있습니다

―「전기밥솥의 내력」 전문

    허자경 시인은 앞의 「150mL 오렌지주스」에서 어머니에 대한 애틋한 마음을 진솔하게 보여주었다. 「전기밥솥의 내력」 또한 같은 맥락의 의미를 함의한 시이다. 한적한 시골에서 "잔뼈가 다 자란 나무들을 도시로/ 보"내고(「빈방의 여자」) 혼자 사는 노모에 대한 결핍된 그리움의 거리를 좁히려는 서정을 짙게 보여준다. 「전기밥솥의 내력」의 '전기밥솥'도 '어머니'의 은유이다. "취사 버튼을 누르면 부글부글/ 끓어오릅니다 그러나// 뜨거운 생이라도 그녀는 결코/ 넘치지 않습니다"라고 진술하면서 부글부글 끓어오르게 했던 주범을 3연에서 이렇게 노래했다. 즉, "그녀의 정신을 까맣게 태우던/ 철없는 어린 손수건들,/ 바깥을 겉도는 곰방대가 있"다고 그 원인을 노래했다. 그러한 환경 속에서도 어머니는 결코 어떠한 감정도 밥솥처럼 넘치지 않았다.

오직 가정을 위해 헌신하는 일을 자신의 업으로 생각하며, "채석장의 돌을 캐며,/ 가난의 강을 벗어나려고 했"다. 세월은 가고, 어머니도 세월 따라 어디론가 떠나가고 홀로 남은 시인은 "밥솥에서 끓고 있"던 어머니의 화병火病을 "이젠 내가 퍼먹고 있"는 것이다. 이제 비로소 어머니의 화병火病을 이어받고 나서야 여자로서 한 여자의 일생을 이해하게 된 것으로 짐작된다. 지난날, 어머니의 삶은 혼인 전의 친가와 혼인 후의 시가媤家 생활이라는 두 개의 세계밖에 존재하지 않았다. 이렇게 불우한 여성의 삶을 허자경 시인은 시를 통해 그 당시의 규범적 문제점을 지적한다.

시인은 「150mL 오렌지주스」, 「전기밥솥의 내력」에서뿐만 아니라 「박꽃의 내력」에서도 "궁핍을 먹고 자란/ 이순의 강을 걷는 여인/ 내가 그대이고 싶다"고 진술했다. 「전기밥솥의 내력」과 「박꽃의 내력」은 같은 맥락의 의미를 담고 있는 시다. '전기밥솥'이 곧 '박꽃'이고, '박꽃'이 '전기밥솥'이다. 또한 '150mL 오렌지주스'다. 이 세 개의 시적 대상은 노모의 상징으로 연결된다.

그럴 때마다 그녀는 허물어진

나의 담장을 일으켜 주었다

궁핍의 절벽으로

헛발을 내디딜 것을 염려하여

허공에 천개의 주마등을 걸어주었다

화부산에 봄이 몇 번 왔다 갔다

그녀의 두 다리가

나무젓가락처럼 더 가늘어져

문밖에서 꽃상여가 서성거리고 있다

그녀를 닮아 지천명을 건너는 여자,

먼발치에서 정방폭포처럼 오열한다

―「나무 의자」부분

  허자경 시인의 두 번째 시집 『오늘 너의 이마에 내 지문을 입혔어』에 실린 여러 시편 중에서 유독 '그녀'라는 3인칭 대명사가 많이 나타난다. 시 속의 '그녀'라는 3인칭이 지니는 의미는 무엇을 지칭하는 것일까라는 의구심을 갖지 않을 수 없다. 예시된 「나무 의자」에도 '그녀'가 등장한다. 시인이 노래하는 '그녀'는 일반적인 '그녀'가 아니다. 허자경 시인은 「청포도의 안단테」에서 '그녀'에 대해 "정면으로 진실의 바람을 맞으며 사는 여인이다"라고 결론을 내렸다. 또 같은 작품에서

"가을이 가면 나에게도 흰 머리카락이 날리고/ 푸른 질료를 나에게 수혈해주던 그녀의// 흰 그림자, 내 정수리에서 점점 사라지고 있다"(「청포도의 안단테」)고 서로 다른 뜻을 지닌 것 같으면서도 일맥상통하다는 것을 노래했다.

부연하면 시인이 시적 대상으로 삼은 '그녀'는 시작품 속에 육화肉化된 상태이거나 다른 여러 정황으로 살펴볼 때 누구에게나 위대한 '어머니'이다. '그녀'를 신으로 보기에는 지나침이 있다. 그것은 허자경 시인의 시 작품들이 일상에서 건져 올린 사건과 연루되어 있기 때문이다. 인간으로서 불가항력적인 사건을 해결하는 것이 아니라 우리들의 평범한 삶 속에서 건져 올린 이야기라는 점에서 '그녀'가 지니는 의미는 신보다 '어머니'에 더 가깝다는 것으로 여겨진다. 가령 "수국화가 팔월을 이겨 낸다/ 늘 고무신을 신고 나를 기다리던/ 늙은 바람"(「여름밤이 피어나다」)이라는 부분에서 '고무신'이 바로 '어머니'라는 점을 부각시키기 때문이다. 이제는 "소주병을 이빨로 따는 여자, 그 여자"(「아내 예찬」)가 "그녀의 두 다리가/ 나무젓가락처럼 더 가늘어져/ 문밖에서 꽃상여가 서성거리고 있"어 시인의 가슴에서, 시인의 기억에서, 시인의 시선에서 영원히 사라지고 없다.

이런 부재는 대상이 현존하고 있지 않다는 것을 의미한다. 시인은 끝없는 모정을 기억하는 작품을 통해 한층 몸을 웅크린 채 현실을 직시하고 '어둠이 내 이마를 횡단할 때면/ 어깨를 들썩이며 나를 위로'(「나무 의자」)하던 그날을 상기하고 있다. 어디론가 실려 가고 없는 사랑하는 대상의 부재로 인하여 스스로 자신의 슬픈 영혼을 위로하는 시적 태도를 보여주고 있다.

    내 몸속에 젖비린내가 자라던 시절 그녀의
    손톱이 손톱으로만 보였다

    그 손톱은 나의 허기의 울음을 잠재우는
    쟁기였다
    그 손톱은 들판의 밭고랑에 거름이 되어
    감자꽃을 피웠다
    우물도 팠다
    그 손톱은 풍요의 자루가 터져버린 곳을
    수선해주었다
    때로는 빈 그릇을 긁는 것을 보았다
    그 까닭에 이팝나무꽃 같은 고봉밥이
    내 입속으로 들어왔다
    노모의 손톱에 봉숭아꽃 하나 살지 않았다

    하지만
    내 손톱엔 십만 원짜리의

인공 벚꽃 손톱이 날마다 만개해 있다

　　　　　　　　　　　　　―「반달 손톱」전문

　허자경 시인이 시적 대상으로 많이 다루었던 '그녀'가 「반달 손톱」에서도 여전히 나타난다. 앞에서 예시를 들었던 몇몇 시 작품을 놓고 '그녀'가 누구일까라는 의구심을 풀어보기 위해 여러 측면에서 살펴보았고, 그 결과 '어머니'를 지칭하는 3인칭이라는 결론에 도달하게 되었다. 그러나 작품 속의 어머니는 시인의 개인화된 어머니가 아니다. 허자경 시인은 자기체화를 통해 선택된 '그녀(어머니)'를 객관화함으로써 '그녀(어머니)'를 보편화하는 데 성공한 셈이다. 이렇게 되어 자연히 시 작품 속의 '어머니'는 시인의 어머니가 아닌 인류에 존재하는 '어머니'로 우리 모두의 어머니로 전환되었거나 또는 치환된 것으로 볼 수 있다. 이처럼 시의 대상을 보편화하는 것은 결코 쉬운 작업이 아니지만 그렇다고 시의 대상을 보편화하지 않을 수도 없는 노릇이다. 왜냐하면 독자들의 공감대가 형성하는 과정에서 보편화는 가장 중요한 요소로 작용한다는 점에서 그렇다.

　예를 들어 살펴보면 「반달 손톱」의 1연과 2연에서 "내 몸속에 젖비린내가 자라던 시절 그녀의/ 손톱이 손톱으로만 보였다// 그 손톱은 나의 허기의 울음을 잠재우는/ 쟁기였다"고 묘사했다. 남달리 시인의 어머니만 자신의 손톱을 쟁기로 삼아

노동을 했을까. 아니다. 대부분의 모든 어머니들은 손톱을 쟁기로 삼아 가정을 부양했으며, 그렇게 살신성인을 함으로써 기어이 '감자꽃'을 피워낼 수 있었다. 그런 연유로 "고봉밥이/ 내 입속으로 들어"올 수 있었던 것이다. 손톱으로 감자꽃을 피워 내거나 내 입속으로 고봉밥을 넣어주지 않은 어머니가 또 어디 있을까. 이처럼 허자경 시인의 두 번째 시집 『오늘 너의 이마에 내 지문을 입혔어』는 자기체험에서 비롯된 시의 주제를 객관화와 보편화하여, 독자들로부터 공감대가 형성되어 울림으로 다가가는 시집으로 평가하는 이유이다.

3. 결핍과 부재의 공존

시는 서정으로부터 시작한다. 이 서정은 결핍을 필요로 한다. 그것은 왜 그럴까? '서정'은 인간에게만 있고, 그것은 인간 생명을 어여삐 여기는 휴머니즘에 뿌리를 두기 대문이다. 사람 사는 세상은 다양하다. 온갖 다른 생각과 차별적인 경제력을 가진 사람들이 함께 어울려 살아가는 그물망 세상이다. 이런 세상에 사는 사람들의 선량한 생각과 성실한 태도로 자기 직업에 충실하며 살아가는 모든 사람을 위한 '서정'을 허자경 시인이 노래했다. 이것은 시 속에 삶의 반영이다. 이런 서정은 인간의 본성에 깊이 뿌리박혀 있고, 또 시인은 결핍된 서정의 거리를 시로 채우려고 한다. 그러므로 서정이 시이고, 시가 서정이다. 따라서 서정은 시와 불가분의 관계이다. 이런 점을 내세워 몇 개의 예시를 들어 시인의 의도했던 서정의 결핍을 어떻게 시로 극복했는가를 살펴보면 다음과 같다.

> 그래도 그를 사랑할 수밖에 없다
> 오늘, 그에게 장문의 편지를 쓴다
> 한 가닥의 희고 긴 문장은
> 내 허기를 두들긴다
> 또 두들긴다
> 그러므로
> 나의 빈 정신은 채워지고
> 온 방 안에 봄이 가득하다
> 보릿고개가 실타래처럼 풀어지는
> 슬픔의 가닥들과
> 뼈를 우려낸 세월이 다 비워질 때
> 내가 걸어온
> 빈 들판도 채워지고 있다
>
> 둥근 그릇에 남겨진 붉은 국물
> 너에 대한 나의 사랑의 각혈이다
> ―「장칼국수」 부분

시인은 늘 서정의 결핍을 고민하고, 토로한다. '장칼국수'는 지난날 베이비붐 세대들의 주식이었다. 예시의 「장칼국수」에서 허자경 시인은 장칼국수를 기억하며, 예찬하는 것처럼 보이지만 깊게 숙고해보면 지난날 유년 시절의 궁핍에 대한 회상이다. 이런 회상을 통해 고통의 삶을 반추하며, 목숨을 부지해준 '장칼국수'에 대한 경의를 표시하는 진술이기도 하다. 더 나아가 「장칼국수」에서 '장칼국수'는 유년의 나날들을 진저리나게 했던 가난에서 "나의 빈 정신은 채워지고/ 온 방 안에 봄이 가득하"게 만든 숭배의 대상으로 발전된다. 즉 시인은 물질의 결핍을 부정하는 사유에서 벗어나 동반자 내지 자신의 목숨을 지탱하게 해준 조력자로서의 '장칼국수'이다. 그 근거로써 "둥근 그릇에 남겨진 붉은 국물/ 너에 대한 나의 사랑의 각혈이다"라는 것을 들 수 있다.

여러 작품에서 경험한 바와 같이 허자경 시인은 한 작품 속에서 혼합적 감정을 대상에 이입하는 특성을 보인다. 다시 말해서 어떤 시적 대상을 놓고 성찰하거나 지난날의 상처에 관한 반성을 개성 있는 진술로 구사하거나 슬픔, 고독, 그리움을 동시다발적으로 나타내어 독자에게 신선한 감동을 준다.

    길 한켠에 꽃과 가죽나무를 심었어 그 꽃이 꽃으로 피어날 때 그 길은 노모가 손톱으로 긁어 준 길이라는 것을 알았어 자갈밭을 맨발로 걸어갈 수 있었던 것은 갈라진 아버지의 곡괭이 같은 손톱이 있었다는 후문이야 지금, 나는 예순의 나이테 속에서 황금알을 낳으며 살고 있어 그곳에서 촌로의 부서진 손톱을 숭배하며 나의 해진 그리움을 꿰매고 있어

─「기억의 숲」 부분

 허자경 시인이 시 작품을 쓰게 된 가장 중요한 원천은 결핍과 부재를 견디는 힘에서 비롯된다. 「기억의 숲」에서 노래하는 대상은 '노모'이다. 시인의 두 번째 시집 『오늘 너의 이마에 내 지문을 입혔어』에 실린 여러 작품 중에서 '노모'의 부재에 대해 노래한 시가 의외로 많다. 「기억의 숲」을 포함하여 「집시의 오류」, 「150mL 오렌지주스」, 「반달 손톱」, 「감수광 부인」, 「전기밥솥의 내력」, 「왕관의 장미」, 「누명의 가위」, 「종갓집 함지박」, 「집어등」, 「강물, 흰 머리카락」, 「박꽃의 내력」, 「도시의 나팔꽃」, 「나무 의자」, 「청포도의 안단테」, 「여름밤이 피어나다」 등 모두 16편이 노모의 삶을 노래한 작품들이다.

 이 열여섯 편을 한마디로 요약하자면 노모의 부재에 대한 그리움과 지난날 궁핍과 싸워온 노모에 대한 회상이나 반추이다. 동시에 그러한 '노모'의 성정을 이해하지 못하고 철없이 살아온 것에 대한 성찰도 일부분 해당한다. 이러한 허자경 시인이 시를 통해 성찰과 반성, 또는 회상하거나 반추하는 원인은 '노모'의 부재에서 비롯된 결핍에서 오는 그리움이며, 결국

그 결핍은 그리움의 거리를 좁히려고 시를 쓰는 것이다. 이처럼 허자경 시인은 자신의 시 작품 속에 자신의 삶을 객관화하여 반영하였다. 누구보다도 가열하게 자신의 생을 지탱하게 만든 원인이 순전히 '노모'의 희생이라는 점을 시 속에 담아두었다.

    강문어귀에 한 사내를 기다리는 목각 새
    북쪽 하늘을 한없이 바라본다

    …(중략)…

    그의 깃털 속에는
    멈춰 선 목숨의 초침 소리가 녹슬어간다
                        ―「강문솟대」부분

  서정의 결핍은 결국 서정성의 시를 생산할 수밖에 없다. 앞의 「강문솟대」를 통해서도 이해할 수 있듯이 "강문어귀에 한 사내를 기다리는 목각 새/ 북쪽 하늘을 한없이 바라본다"도 화자와 대상의 거리가 결핍된 상태를 나타낸다. 이뿐만 아니라 "창문을 두드리며 밤새워 울던 바람소리,/ 나를 흔들어 놓고 사라진다"(「노을, 빈 교정」)라는 표현에서도 알 수 있듯이 시인은 무엇에 대한 결핍을 담대하게 드러낸다. 대죽처럼 키가 크고 무성한 고독이 맹수처럼 화자를 물어버린다고 했다.

　시간과 장소를 가리지 않고 나이가 연로할수록 고독은 험상한 얼굴이나 날카로운 칼날처럼 덤벼든다. 그래서 시인은 "고독의 뼈가 더 콘크리트 벽"(「고독의 뼈」)이라고 한다. 이것은 단순한, 그리고 흔한 감정의 표출로 치부할 수도 있지만, 허자경 시인의 깊은 사유는 시행이 가지고 있는 의미를 더 구체화한다. 이처럼 시적 화자의 거리 결핍은 결국 "나는 몇 겹의 두루마기 고독이 된다"라는 것으로 허자경 시인이 '고독'을 관념적인 의미에서 벗어나 구체성을 띠게 만들고, 또한 독자들은 이 구체성으로 말미암아 시인이 의도하는 의미를 얻는 데에 무리가 따르지 않는다.

　　스카프를 휘날리며 길을 걷던 꽃 한 송이,
　　연기처럼 허공 속으로 사라지면

　　사내의 강물 하나가
　　어깨를 들썩이며 돌아서 흐느끼겠다

　　…(중략)…

　　모두가 사라진다 사라진다는 것은 또 다른
　　도시의 꽃으로 피어난다는 것이다

―「곧, 꽃이 사라지다」 부분

 어떤 시인이든 그 시인의 진정성 있는 고백을 통해서만이 독자들을 격렬하게 가슴을 에는 공감으로 몰고 간다. 허자경 시인은 자신의 체험을 보편화하여 독자들의 마음을 흔들어 놓는 기술이 퍽 고도화되어 있다. 자신이 살아온 생의 결이나 내용이 오로지 노모를 비롯한 타인의 조력과 도움으로 이루어진 결과라는 구도로 결론을 도출한다. 이것은 일차적으로 시인은 겸손한 태도로 시작詩作을 해야 한다는 시 쓰기 기본을 잘 준수하는 것으로 볼 수 있으며, 이런 시적 전략은 독자들로부터 공감을 얻어내는 데 큰 효과로 작용한다.
 허자경 시인은 앞서 언급한 바와 같이 독자들의 공감을 얻어내려고 독자들을 서정의 결핍으로 다가간다. 「곧, 꽃이 사라지다」에서 '사라진다'는 의미는 소멸이다. 다시 갈해서 없어지는 것이고, 없어진다는 것은 존재의 부정이면서, 이것은 다시 결핍으로 이어져 '그리움'으로 승화되고 있다. 시인이 추구하는 소멸의 방법은 매우 다양하다. 가령 '연기처럼 허공 속으로 사라지'는가 하면, 일체의 '모두가 사라진다'고 했다. 그러나 허자경 시인의 '사라진다'는 진술을 직관적 개념으로 눈여겨봐야 한다. 즉 시인은 '사라진다'는 부정적인 진술을 하는 것 같지만 실제 소멸의 의미는 "또 다른/ 도시의 꽃으로 피어난다는 것이다"라는 진술로 부정의 의미에서 긍정의 의미로

귀결된다는 점이다. 즉 소멸은 생성에 대한 역설이다. 이런 전략은 독자들에게 삶의 용기와 에너지를 제공하는 힘이 된다.

4. 대상과 접촉으로 화해 시도

두 번째 시집 『오늘 너의 이마에 내 지문을 입혔어』에서 '모정母情의 승화'와 '결핍과 부재'의 의미가 있다는 점을 들어 본 '시 해설'에서 특별히 담론의 대상으로 삼아왔다. 이 두 개의 담론과 함께 허자경 시인의 작품 속에는 '접촉과 화해'를 보여주는 측면도 발견된다. 부연하면 시인은 시적 대상과 접촉을 통해 절연이나 단절이 아닌 화해의 길을 모색한다는 것이다. 화해는 일원론적 정신세계를 전제로 하며, 대립적이지 아니하고, 동질의 성질을 추구한다. 즉 '나'가 '너'라는 두 개의 대상이 하나가 됨을 원칙으로 삼는다. 이처럼 허자경 시인의 시 정신이 갖는 경향이 두 번째 시집 『오늘 너의 이마에 내 지문을 입혔어』에 발현되고 있다는 것을 분명히 인지해야 할 대목이다. 이런 경향의 대표적인 작품을 예시로 들어 살펴보고자 한다.

    꽃의 입술에 소리 없이
    흰 입맞춤을 한다

두 눈을 크게 뜨고 보니

    그는 고양이수염 위에도

    가볍게 내리더라

    온몸을 다 비워도

    나에겐

    아무것도 내리지 않더라

—「봄눈」 전문

 '봄눈'은 "꽃의 입술에 소리 없이/ 흰 입맞춤을" 하고, "고양이수염 위에도/ 가볍게 내리"고 있다. 이 '봄눈'은 동물이든 식물이든 대상을 가리지 않고 조건 없이 내린다. 그러므로 '봄눈'은 일체 대상과 그것을 마주한 주체 사이에 어떠한 구별도 없이 삼라만상과 물아일체를 이룬다. 다시 말하자면 허자경 시인의 여러 작품에서 이것과 저것의 대립이 사라져 버리는 '동일화의 원리'가 적용된 시세계를 드러내고 있다. 시인은 「봄눈」을 통해 일체를 잊고 마음을 비울 때 절대 평등의 경지에 있는 도道가 마음에 모이게 된다는 것을 보여준다. 곧 자연과 자아가 하나가 되는 절대 자유의 경지에 이르고 있다.

 허자경 시인은 '자아'와 '세계'가 '화해'의 시 정신을 추구하는 것에 머물지 않는다. "온몸을 다 비워도/ 나에겐/ 아무것도 내리지 않"다고 물아일체와 자기성찰을 통해 갈등과 이원론적 정신으로 대립적인 인류를 향해 '화해'의 몸짓을 취하고 있다. 더러는 작품의 주제를 대범하게 끌고 가는 경향을 보여주기도 하지만 대립을 거부하고 화해를 부르짖는 시세계가 훨씬 돋보인다.

>초록도포를 곱게 입은 그가
>탁자 위에 앉아 있다
>
>…(중략)…
>
>청록의 망토를 두른 선비
>혹은, 그는
>불순을 베어내는 검객이다
>
>― 「검객춘란」 부분

시적 대상을 놓고 전개되는 시인의 시상은 '춘란'에서 '촌로'와 '선비'를 거쳐 '검객'으로 동일화 원리로 전이되는 양상을 읽을 수 있다. 허자경 시인의 상상력이 「검객춘란」뿐만 아니라 「흰 빨래」에서도 상상력으로 '자아'와 '세계'를 하나로 묶어 버리는 신선한 시적 표현으로 시의 맛을 한층 더 만끽하게 만든다.

시의 형식과 내용 모두가 진부함이나 축어적인 내용을 지니면 독자들로부터 외면을 당할 위험이 클 수밖에 없다. 시의 표현은 당연히 신선해야 한다. 현재의 생활에서 주고받는 일상어로부터 탈피하는 것이 시작詩作의 일차적인 전략이며, 기법이다. 따라서 허자경 시인은 낯익은 시적 표현은 멀리하고 낯선 표현으로 독자들을 작품 속으로 흡입하는 당돌한 매력을 가지고 있다.

　이런 매력을 보이는 것은 결코 쉬운 일이 아니다. 쉬운 일이 아니기 때문에 허자경 시인은 시인으로 활동하는 것이다.「검객춘란」의 주제는 분열하거나 갈등을 조작하는 경향의 시세계를 드러내지 않는다. 따라서 허자경 시인의 시는 동행할 것을 요구하는 따뜻한 화해의 정신이 깃들어 있다. 시가 따뜻함을 지닌다는 것은 서정시의 본질을 의미하는 일이다. 따라서 허자경 시인이 추구하는 시적 경향을 참여시냐 순수시냐로 굳이 구분 짓는다면 단연코 순수를 지향하는 시인으로 분리되어야 한다.

　허자경 시인이 순수시를 추구하는 시인이라는 것은 그의 시세계에 있어서 '자아'와 '세계'가 대립적이지 아니하며, 대상에 대해 비판적이지 않다는 것을 앞에서 언급하였다. 오직 문학에만 종사하는 시적 태도를 일관되게 보여주는 시인이다. 그것은「검객춘란」에서도 '춘란'을 '촌로'와 '선비', '검객'으로 동일시하는 화해의 시 정신을 보여주는 것만으로도 그를 순수시를 지향하는 시인임을 알 수 있기 때문이다.

천 개의 천둥과

천 개의 번뇌와

천 개의 태풍과

천 개의 공포와

천 개의 모성과

천 개의 사랑과

천 개의 눈물과

천 개의 고독이 있었으리라

그래서

내 혀가 혼절하도록 그토록

달았나 보다

― 「거봉 포도」 부분

　예시의 「거봉 포도」는 언어의 절제미가 한층 돋보이는 시다. 문장이 함축적이고 시어의 경제성을 확인할 수 있는 시이다. 이런 시에서 시인은 원관념인 '거봉 포도'를 보조관념인 '천둥, 번뇌, 태풍, 공포, 모성, 사랑, 눈물, 고독'으로 전이하여 바라보고 있다. 즉 '거봉 포도'를 '천둥'으로부터 시작하여 '고독'을 하나의 같은 의미로 보고 있다. '천둥, 번뇌, 태풍, 공포, 모성, 사랑, 눈물, 고독'이 없는 '거봉 포도'는 이 세상에 태어날 수가 없다. 이것이야말로 '나'와 '너'를 하나로 보는 동일화의 시 정신이다. 특히 허자경 시인은 '거봉 포도'가 '천둥'이라는 대상과 1:1의 결합이 아니라 '천둥'을 비롯하여 '고독'까지 모두가 혼합되어 하나가 되는 양상을 보여준다는 특이성을 가지고 있다.

한편으로는 원관념과 보조관념을 동일한 등가의 개념으로 동일화 작업만을 시도하는 것이 아니다. 작품 대부분이 그랬듯이 결론 부분에서 늘 대상을 놓고 성찰하거나 그 대상을 승화시켜 독자들을 인문적 요소를 강화하는 독특한 시적 전략을 견지한다.

눈앞에 있어도
계속 바라만 보는 너야

…(중략)…

보이지 않으면
현기증이 나는 너야

바다와 하늘이 만나는
접선의 너야

―「연리지 Song」 부분

허자경 시인은 쉴 새 없이 접촉을 통해 하나가 되려고 무진 애를 쓴다. 오늘날 제4차 산업혁명의 핵심은 '연결'이다. 기계와 기계의 연결, 사람과 기계의 연결이다. 이를테면 휴대폰이 은행과 연결되고, 통신과 PC가 연결되어 휴대폰을 탄생시키고, 화상회의는 사람과 사람의 연결이고, 원격진료는 의사와 환자의 연결이고 접속이다.

이렇듯이 허자경 시인은 「연리지 Song」을 통해 독자들에게 모든 것이 연결되어 있다는 것을 의식시키는 신토불이身土不二의 시 정신을 드러낸다. '자아'와 '세계'가 둘이 아닌 하나임을 증명하고자 대상과 쉼 없는 접촉을 시도한다. 화해의 정신은 시인의 인성과 밀접한 관련성을 가지고 있다. 따라서 허자경 시인의 시 작품을 통해 그의 인문적 요소를 지닌 풍격風格을 가늠할 수 있다.

앞의 「연리지 Song」를 분석해 보면 이 시에서도 대상과 대상을 하나로 연결하여 화해하려는 의도를 다분히 드러낸다는 것을 유추할 수 있다. "눈앞에 있어도/ 계속 바라만 보는 너"라는 표현도 그렇고, "문살과 문살이 만나는/ 교착점"도, "바다와 하늘이 만나는/ 접선"에서도 동일화의 시 정신을 나타내고 있다.

서로 타협한 전자 팔찌다
곧, 레일의 평행선이 된다

아니다

두 손을 맞잡고

목이 터져라 부르는

아마존 악어와 악어새이다

— 「사랑의 변증법」 부분

　서정시가 서정시로서 존재하는 기본 원리라고 말할 수 있는 가장 큰 이유는 운문이라는 형식과 세계에 대한 태도라는 이 두 가지에 있다. 특히 후자가 서정시를 특징짓는다는 견해는 에밀 슈타이거의 논의부터 현대의 서정시 담론에 이르기까지 늘 언급되는 내용이기도 하다. 허자경 시인과 세계의 관계성, 세계를 바라보는 허자경 시인의 태도에 대해 중점적으로 다루어 보는 이유는 '세계의 자아화', 혹은 '자아와 세계의 동일성'이라는 측면이 어느 시인보다 뚜렷하게 작품 속에 녹아 있기 때문이다.

　허자경 시인이 작품 속에 녹여 놓은 '세계의 자아화', 혹은 '자아와 세계의 동일화'에 대해 볼프강 카이저는 '대상성의 내면화'라고 했고, 에밀 슈타이거는 '회감'이라고 했다. 그리고 필립 휠라이트는 '융즉'이라고 했다. 따라서 '대상'과 '자아'의 동일성에 대해 아주 오래전부터, 또는 많은 이론가들이 다루어왔던 주제이다. 이에 허자경 시인은 자기 작품을 통해 보여주고 있다.

'대상'과 '세계'의 동일성 원리를 추구하는 허자경 시인의 시의식은 앞에 예시된 「사랑의 변증법」의 마지막 행인 "두 손을 맞잡고/ 목이 터져라 부르는/ 아마존 악어와 악어새"라는 시구 하나만 보더라도 분명하게 알 수 있을 만큼 확연하다. 그만큼 '동일성'은 서정시를 이해하는 주요한 개념적 요소로 비평가들에게 회자되는 용어이다. 따라서 허자경 시인의 시세계를 논의하고자 할 때 '동일성'을 제외하고서는 그의 시세계를 온전하게 논의할 수 없을 정도로 확실하게 자리매김하고 있다.

5. 서정의 본질을 궁구한 시 쓰기

지금까지 허자경 시인의 두 번째 시집 『오늘 너의 이마에 내 지문을 입혔어』를 다층의 스펙트럼으로 살펴보았다. 그 결과를 요약하면 먼저 서정의 본질을 궁구하여 타성으로부터 이탈을 시도한 시 쓰기를 했다. 또한 시인이 서정의 세계관을 어떻게 진술해야 하는지에 대한 합당한 이유를 제시하고 있다. 그리고 관념적인 감정의 어휘에 매몰되어 있지 않았다. 즉 슬픔, 고독, 사랑, 그리움 등의 언어들을 단순히 나열한 차원의 시가 아니다. 서정의 본령이라고 할 수 있는 동일화를 대명제로 삼아 화해의 시 정신을 추구하는 데 전위적으로 앞장서 있다. 그런 까닭에 서정이라는 자기 본위의 세계관을 구축하는 데 확고히 하였으며, 이것은 다시 자신의 서정성을 무한대로

드러낸 것으로 이해할 수 있다.

  또한 허자경 시인의 시적 경향은 2020년도에 출판한 첫 번째 시집 『엉겅퀴의 여자』에서 결정되었지만 두 번째 시집 『오늘 너의 이마에 내 지문을 입혔어』를 통해서도 다분히 서정시에 종사하는 시인이라는 점을 재확인하는 결과를 내놓았다. 그것은 시인이 시 쓰기 과정에서 슬픔, 기쁨, 고독, 허무, 등과 같은 주관적인 정서를 구상화하여 명확하게 보여주려고 노력한 면면을 두루 살필 수 있었으며, 과거의 아픔과 즐거운 기억들을 통해 새로운 자아를 형성하면서 독자들에게 공감을 유도하는 면면을 보여 왔다.

  시는 대상의 재현이 아니라 자기표현으로서 주관적 경험과 내적 세계를 드러낸다. 이를 일러 거리의 서정적 결핍이라 할 수 있는데, 이 결핍은 세계의 자아화로 연결된다. 거리의 서정적 결핍이 서정시의 본질이며, 서정은 '자아와 세계의 합일 정신'이다. 따라서 허자경 시인은 혼탁한 정신세계의 폭력적 경쟁에 대응하고, 인간의 품격과 고결한 정신적 성취감을 맛보게 만드는 기능이 있는 서정시, 즉 정서나 감동을 객관화하여 표현하며, 서정의 세계관을 지향하고 있다.

  또한 허자경 시인은 세계를 감정과 주관으로 파악한다는 자기만의 세계관을 형성하고 있었으며, 그 세계를 순간적으로 지각한다는 점을 드러냈다. 동시에 시적 대상을 영감에서 벗어나 직관으로 꿰뚫어 보는 시인의 날카로운 관찰력을 가지고 있었다. 따라서 허자경 시인의 시는 추상이 아니라 구체적이고 특수한 이미지화를 통해 의미를 전달함으로써 우리들의 감각기관에 호소하여 사물에 대한 감각적 경험을 환기했다.

특별히 허자경 시인의 시 작품을 눈여겨보았던 부분은 시적 대상과의 접촉을 통해 그것을 승화시킨 일이다. 여기서 '접촉'이란 자아와 세계가 합일점에 도달하여 동일화를 이룬다는 의미이다. 다시 말해서 대립과 갈등이 지배소를 이루는 현대시에서 좀처럼 찾아볼 수 없는 '자아'와 '세계'의 동일성을 추구하는 허자경 시인의 시적 태도가 유달리 눈에 띄었다는 점이다. 모두 주지하듯이 서정시는 '자아'와 '세계'의 동일화가 핵심 요소이다. 허자경 시인은 이러한 동일화라는 서정시의 핵심 요소를 "변하지 않는 것과 일체감"이라는 자기구호를 통해 획득하려고 노력했다.

| 허자경 |

2020년 『시현실』로 등단했다. 가톨릭관동대학교 현대시창작과정을 수료했으며, 강원문학교육연구회 부회장, 강원문인협회 사무차장, 강원현대시문학회 회원, 강릉문인협회 회원으로 활동 중이다. 현재 강릉여자고등학교에서 근무하고 있다. 시집으로 『엉겅퀴의 여자』가 있다.

이메일 : ekdls1229@naver.com

현대시 기획선 075
오늘 너의 이마에 내 지문을 입혔어

초판 인쇄 · 2022년 10월 5일
초판 발행 · 2022년 10월 10일
지은이 · 허자경
펴낸이 · 이선희
펴낸곳 · 한국문연
서울 서대문구 증가로 31길 39, 202호
출판등록 1988년 3월 3일 제3-188호
대표전화 302-2717 | 팩스 · 6442-6053
디지털 현대시 www.koreapoem.co.kr
이메일 koreapoem@hanmail.net

ⓒ 허자경 2022
ISBN 978-89-6104-322-9 03810

값 12,000원

* 이 책은 강원도, 강원문화재단 후원으로 발간되었습니다.

* 잘못된 책은 바꾸어 드립니다.